LA PÊCHE SIMPLE AU PAIN

Le Secret?
L'Expérience!

Lelio Zeloni

Copyright © 2022 Lelio Zeloni

Tous Droits Réservés

ISBN: 978-1-80361-363-5

Édition originale: Décembre 2018 "La Pesca Semplice con il Pane - Il Vero Segreto? L'Esperienza!"

L'Auteur:

Lelio Zeloni est né à Prato le 8 août 1953. Depuis qu'il est adolescent, il a deux passions, la peinture et la pêche. Au fil des ans, il a pratiqué le moulinet, la pêche à la mouche, le tenkara et, bien sûr, sa technique préférée, la pêche au pain. Ces expériences avec différentes techniques, l'ont aidé à devenir le pêcheur expert qu'il est aujourd'hui.

Les reproductions effectuées à des fins professionnelles, économiques ou commerciales ou pour des utilisations autres que personnelles ne peuvent être faites qu'après autorisation spécifique délivrée par l'auteur.

TABLE DES MATIÈRES

	PRÉFACE	7
	INTRODUCTION	11
1.	LE COMMENCEMENT	15
2.	LES FLOTTEURS	35
3.	LA BONNE ATTITUDE POUR PÊCHER	43
4.	LA BONNE TECHNIQUE	51
5.	QUEL TYPE DE PAIN EST RECOMMANDÉ POUR LA PÊCHE?	59
6.	ÉVITONS LES ÉQUIPEMENTS INUTILES	67
7.	CHOSES IMPORTANTES À SAVOIR	71
8.	TAILLES MINIMALES DES POISSONS	79
9.	LES PRINCIPALES ESPÈCES QUI MORDRONT AU PAIN	83
	CONCLUSION	113

Préface

À la fin du XIXe siècle, l'économiste Vilfredo Pareto a découvert que 80 % de la richesse et des revenus du monde étaient produits par 20 % de la population. Vous vous demandez probablement maintenant: "Quel est le rapport avec un livre sur la pêche?" En fait, pas mal de choses!

Laissez-moi vous parler du principe de Pareto, également connu sous le nom de loi des 80/20. Ce principe stipule qu'environ 20% des causes créent 80% des effets.

Ainsi, 80% de ce que nous obtenons est causé par seulement 20% de ce que nous faisons.

Dans chaque domaine ou secteur, la plupart des effets sont causés par un nombre limité de causes.

Ainsi, vous remarquerez avec étonnement que 80% de la richesse mondiale est détenue par 20% de la population, 80% des gains d'une entreprise sont générés par 20% des ventes, 80% de vos résultats sont générés par 20% de vos actions.

Ce principe est présent dans de nombreux domaines de notre vie. Même la pêche n'est pas à l'abri de ce principe. N'oubliez pas que 20% de ce que vous faites génère 80% de vos résultats.

Donc, si la plupart des résultats proviennent d'une petite partie de nos actions, cela signifie que la plupart de ce que nous faisons a peu de valeur et est tout à fait inutile.

Ce livre incarne parfaitement le principe de Pareto. Ces pages, qui sont écrites de manière très simple, sont très efficaces, elles sont la synthèse de l'expérience qui vous apprendra que 20% vous donneront 80% de la valeur, en laissant de côté tout ce qui n'est pas pertinent et inutile pour une pêche réussie.

Vous voulez que je vous révèle un secret? C'est la première fois que j'écris la préface d'un livre et je la rédige pour le livre de mon père.

Je dois avouer que j'ai été un peu ému en parcourant ce livre. En le lisant, de nombreux souvenirs me sont revenus en mémoire. Pendant l'adolescence, j'allais souvent pêcher avec mon père et mes amis, surtout en été.

Notre destination favorite était la rivière "Seggio à Marina di Castagneto Carducci". Je me souviens du plaisir d'être en groupe et d'apprécier la simplicité. Si je ferme les yeux et que j'y pense, j'entends au loin les rires de mes amis et le bruit de la brise marine qui caresse les roseaux de la rivière.

Mon père m'a toujours appris à respecter la nature, l'environnement et les animaux.

C'est aussi pour cela que nous remettions toujours les poissons à l'eau, mais surtout, nous laissions toujours le lieu de pêche propre.

Lorsque vous allez à la pêche, chers lecteurs, n'oubliez pas de protéger l'environnement.

Mais vous avez acheté ce livre parce que vous voulez améliorer votre pêche, alors bonne lecture.

                                        Dott. Edoardo Zeloni Magelli

Introduction

Ce livre facile à apprendre se veut un guide utile tant pour ceux qui veulent commencer à pêcher au pain, que pour les pêcheurs plus expérimentés qui veulent améliorer leurs compétences en matière de pêche.

Dans ces pages, vous trouverez des conseils très pratiques sur la façon de pêcher au pain, vous aurez une image des variétés de pain idéales, vous apprendrez à préparer votre appât et à le mettre correctement sur l'hameçon.

Le pain est un appât philosophique, il convient à de nombreux poissons et grâce à son arôme, une fois dans l'eau, il libère une traînée très séduisante qui attire de nombreux bancs de poissons dans le rayon d'action de la canne à pêche.

L'odeur est si attirante pour eux que souvent les poissons ne remarquent même pas si le fil de pêche est bien fait ou non, c'est pourquoi c'est toujours une bonne idée d'avoir un peu de nylon et un hameçon plus grand qui peut nous éviter des surprises au cas où nous attraperions un plus gros poisson.

Bien entendu, je ne parlerai pas seulement du pain. Vous trouverez des conseils sur les différents types de flotteurs et les meilleurs à utiliser, aussi bien par mer calme que par mer agitée, ainsi que sur la longueur des cannes à pêche à utiliser qui dépendra de l'endroit où nous choisirons d'aller pêcher.

Je vous apprendrai à reconnaître les lieux propices à la pêche, en vous enseignant comment utiliser votre logique, mais surtout, vous comprendrez quand il est temps d'aller pêcher en observant les marées.

Avec le temps, vous acquerrez le sens de l'eau, ce qui vous aidera également à comprendre où trouver les poissons et donc à les attraper, Vous en retirerez un plaisir immense.

D'un point de vue éditorial, il ne sera sûrement pas parfait, alors j'espère que vous me pardonnerez. Ce qui compte c'est que vous appreniez à pêcher.

J'ai également pris plaisir à dessiner moi-même les illustrations de ce livre, le dessin et la peinture ont toujours été (avec la pêche) mes grandes passions, mais ceci est une autre histoire.

Un remerciement spécial pour la création de ce livre, va à mon fils Edoardo, je dois aussi remercier ma femme Donatella pour les photos et ma fille Carlotta, pour le graphisme et la vidéo. Je vous remercie beaucoup.

Bonne lecture.

1. LE COMMENCEMENT

Mes chers amis pêcheurs, si on m'avait dit, quand j'étais petit, qu'un jour j'écrirais un livre sur la pêche, je ne l'aurais jamais cru, mais c'est vraiment arrivé.

Lorsque nous atteignons un certain âge, nous ressentons le besoin de laisser des traces de notre passage sur terre, nous ressentons le désir de transmettre notre expérience dans quelque chose où nous sommes performants.

J'ai consacré toute une vie à la pêche, en expérimentant de nombreuses techniques. J'ai pratiqué le lancer, la pêche à la mouche, le Tenkara et bien sûr ma préférée, la pêche au pain. Ces différentes techniques ont développé en moi ce que j'appelle "le sens de l'eau".

Dans tous les lieux de pêche où je vais, je sais où se trouvent les poissons et je les approche de la bonne façon en utilisant une logique simple.

Si vous suivez mes conseils simples mais efficaces, vous développerez également ce sens en peu de temps et vous deviendrez d'excellents pêcheurs. Dans le court laps de temps que vous consacrerez à la lecture de ce livre, je vous transmettrai toute mon expérience de la pêche.

Pensez à la chance que vous avez, j'ai passé toute une vie à apprendre ce que je sais, alors que pour vous, cela ne prendra que quelques heures.

Le grand secret est l'expérience vécue, parsemée de beaucoup d'erreurs et de doutes (très nombreux) mais nécessaire pour que je devienne le pêcheur que je suis.

Il y a deux types de pêcheurs, l'un attrape l'eau tandis que l'autre attrape le poisson.

J'étais celui qui prenait l'eau, j'étais toujours bredouille, mais j'admirais ceux qui, à côté de moi, prenaient beaucoup de poissons. J'avais l'habitude de dire: "Ils attrapent des poissons parce qu'ils ont de la chance".

Faux! Ils attrapent du poisson parce qu'ils pêchent de la bonne façon.

Ils avaient une bonne canne à pêche, un bon moulinet, une ligne parfaite et le bon appât, mais surtout, ils connaissaient bien la technique. Toutes ces choses que je ne possédais pas.

Je continuais à observer ces pêcheurs, je les étudiais, essayant toujours d'apprendre quelque chose, parfois je leur demandais aussi des conseils, mais ils n'étaient pas toujours disposés à me les donner.

Peut-être parce que je n'étais qu'un garçon et qu'ils ne voulaient pas perdre de temps avec moi. J'étais le novice aux nombreux échecs, avec beaucoup de mauvais équipements et qui ne parvenait jamais à faire une prise. Cependant, les erreurs sont une grande source d'apprentissage.

L'une des premières choses que j'ai comprises, qui est aussi la plus importante quand on pêche en mer, est d'apprendre à observer les marées.

Il est inutile de pêcher lorsque la mer se retire, les poissons repartent en pleine mer (marée basse). Il est judicieux de pêcher lorsque la marée remonte, ramenant les poissons avec elle (marée haute).

Un autre problème que j'ai toujours rencontré est celui de l'appât. Je prêtais toujours attention aux discussions des pêcheurs entre eux. Certains utilisaient des vers de terre, d'autres des coréens, d'autres des crevettes, d'autres des appâts artificiels et du pain etc...

Quelle pagaille! Bien sûr, chaque type de poisson nécessite son propre appât.

J'étais un garçon très timide et il m'était difficile d'aller au magasin de chasse et de pêche, car je ne savais pas quel type d'appât acheter.

C'était en 1967, j'avais 14 ans et j'étais à Castiglioncello, où chaque mois d'août, moi et toute ma famille passions nos vacances.

Mes parents m'avaient offert une canne à pêche, la classique "Fiorentina". C'était une canne greffée, faite d'un matériau qu'on appelait "canne à sucre", elle était composée de 4 éléments, chacun mesurant 1,50 mètre de long pour un total de 6 mètres.

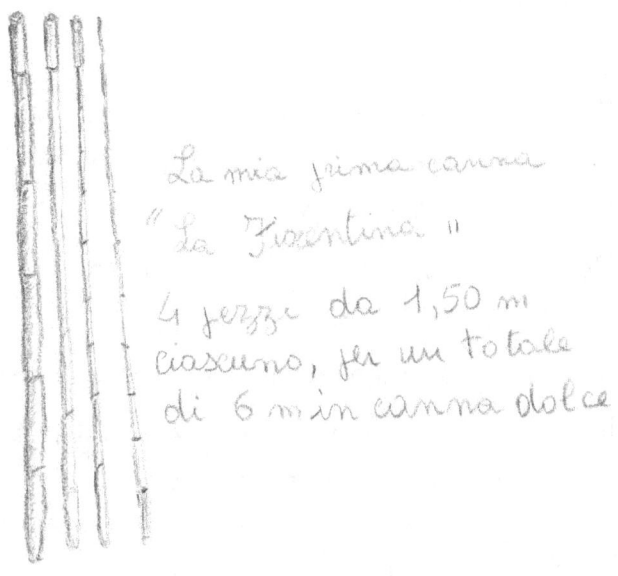

Fig. 1: Ma première canne à pêche "Fiorentina". 4 éléments de 1,50 mètre chacun, pour un total de 6 mètres de "canne à sucre".

J'ai commencé à pêcher en rivière et en mer avec cette canne. Mais j'avais toujours ce doute en moi. Quel appât devais-je adopter? Un jour, alors que j'observais des pêcheurs sur les rochers à Bagno Tre Scogli à Castiglioncello, j'ai remarqué qu'ils avaient à côté d'eux un petit seau dans lequel ils mettaient des morceaux de pain.

Ils prenaient ces morceaux de pain, les trempaient dans l'eau et les pressaient ensuite avec leurs mains. Puis ils mettaient le pain dans un chiffon de coton. De la main gauche ils tiraient ce chiffon vers le haut sur les quatre côtés, et de la main droite ils tournaient la boule de pain qui était à l'intérieur en la pressant le plus possible, comme lorsqu'on essore un morceau de cuir pour sécher sa voiture.

Ces images sont restées imprimées dans mon esprit, et, poussé par la curiosité, j'ai décidé d'essayer moi aussi. Peut-être que j'allais enfin résoudre mon problème de l'appât à utiliser. J'avais du pain à la maison, et je me suis dit que c'était un leurre que j'aurais à disposition à tout moment.

Fantastique, ai-je pensé plein d'enthousiasme, j'ai pris quelques tranches de pain, je les ai trempées dans l'eau, je les ai pressées comme je l'avais observé et je suis allé sur les rochers pour essayer de pêcher.

J'ai assemblé la canne à pêche, la ligne était la même que celle que j'utilisais pour pêcher en rivière. Je ne me souviens pas du type de ligne et d'hameçon, je me souviens seulement que j'avais un flotteur très commun qui n'était pas très approprié. C'est tout ce que j'avais à ma disposition.

Pour le moment, tout se passait bien, le plus dur est arrivé plus tard. Je mis le pain sur l'hameçon et fis plusieurs lancers, mais le pain tombait toujours, il se détachait de l'hameçon et s'échappait dans l'eau. S'il y avait une chose positive que je possédais cependant, c'était la persévérance.

Quelqu'un qui m'observait, peut-être poussé par la pitié, m'a fait remarquer que le pain était encore très humide. Alors il m'a aidé à préparer l'appât.

Il prit une petite boule de pain, la mit sur l'hameçon et commença à la travailler à fond, la tourna longuement, jusqu'à ce qu'elle prenne la forme d'une petite poire.

"Essaie maintenant!" a-t-il dit.

Merveilleux! J'ai réussi à lancer sans perdre le pain, j'ai regardé le flotteur avec excitation, puis je l'ai vu couler et le monsieur a crié:

"Ferre!"

J'ai dû ferrer trop tard car je n'ai rien attrapé. Ce monsieur m'a dit:

"Essaie encore, quand tu vois le flotteur bouger, ferre immédiatement, le pain n'est pas comme un ver de terre, il se détache immédiatement de l'hameçon".

J'ai réessayé, excité par le fait qu'on m'observait et j'ai fait plus attention. Dès que j'ai vu le flotteur bouger, j'ai ferré, pas de manière convaincue, mais quand j'ai senti une légère traction et que j'ai vu un reflet argenté bouger dans l'eau, j'ai compris que finalement, cette fois, j'avais attrapé un poisson.

"Je l'ai eu, je l'ai eu, je l'ai eu!"

J'ai hurlé plusieurs fois, j'avais l'expression rayonnante de quelqu'un qui a enfin atteint son but. Mon premier poisson pêché en mer, imaginez, quelle joie!

J'ai scruté le regard des gens qui étaient là et j'ai vu qu'ils me dévisageaient avec plaisir en riant.

Ils comprenaient ma joie. C'était ma première fois, mon premier poisson! Ce genre d'émotion ne peut jamais être oublié, cela demeure dans l'esprit pour toujours, cela ne peut pas être effacé, c'est permanent, cela façonne la psyché individuelle.

Très souvent, même aujourd'hui, je suis ému lorsque je pêche sur les rochers et que je vois des jeunes garçons avec leurs expressions joviales à côté de moi lorsqu'ils attrapent un poisson. Cet instant, ces jeunes garçons, la joie d'attraper un poisson, me ramène à à mon propre passé, et une phrase que j'ai lue dans un livre de Marcel Proust "Le chemin de Swann" me vient à l'esprit.

"Ce souvenir touchera-t-il un jour la surface de ma pleine conscience, Ce passé que le charme d'un même instant est venu rappeler, déplacer et soulever dans les profondeurs de moi-même? Je ne sais pas"

Année après année, je suis devenu de plus en plus expérimenté, j'ai commencé à attraper différents types de poissons, des daurades, des perches, des rougets, les petits cependant.

Je me suis rendu compte que je pouvais attraper différentes sortes de poissons avec du pain. Je me suis dit que c'était l'appât parfait pour moi.

Depuis mes étés à Castoglioncello jusqu'à maintenant, j'ai toujours pêché au pain. Après notre mariage et après la naissance de mon fils Edoardo (1984), ma femme et moi avons décidé de commencer à faire du camping, je ressentais le besoin de me perdre dans la nature.

Nous avons choisi un camping très différent des autres, en Toscane, à Marina di Castagneto Carducci, près de Donoratico, sur la côte de Livourne. C'était un endroit où l'on pouvait respirer la vraie nature, une forêt derrière les dunes de mer. C'était parfait car cela me donnait l'occasion de pêcher en mer et en rivière car il y en avait une toute proche appelée "Il Canale" (le canal), et la rivière "Seggio". Vous ne pouvez pas imaginer combien de fois j'ai pêché en mer et dans le canal. Dans la rivière, il y avait beaucoup de mulets et certains étaient de gros spécimens. Les berges et le fond de la mer fourmillaient de vers de terre.

Je me souviens qu'avant de pêcher, nous prenions une pelle et déterrions la boue du fond de l'océan, nous la déposions sur le rivage à côté de nous. Ensuite, l'eau s'écoulait de la boue mélangée au sable et les vers en sortaient. C'était une grande expérience de trouver des appâts sur place, cela nous donnait l'impression d'être de vrais pêcheurs. Cependant, à plusieurs reprises, je suis revenu au pain, car c'est un type de pêche beaucoup plus simple et plus propre.

L'eau du canal était calme et opaque et la technique de pêche que j'ai utilisée était la suivante:

- Le flotteur le plus sensible possible

- Fil de 0,18

- Hameçon n°10 recouvert d'une petite boule de pâte en forme de poire.

- Nous pêchions près du fond.

Bien sûr, l'endroit était amorcé avec du pain, de cette façon nous étions sûrs de notre coup. Nous avons commence tôt le matin et l'après-midi.

Il y avait tellement de mulets et ils gobaient l'appât à tout moment. Nous avions l'habitude de les rejeter à l'eau parce que celle-ci n'était pas de la meilleure qualité, nous nous amusions seulement à les attraper.

Vingt ans passés à Marina di Castagneto à pêcher en mer et en rivière et à essayer différentes techniques, je peux vous dire que le meilleur appât est le pain. Et après toutes ces années de vacances à Marina di Castagneto Carducci, nous avons décidé d'essayer Vada, également sur la côte de Livourne en Toscane. Il y avait aussi une forêt derrière les dunes de mer et bien sûr, d'excellents endroits pour pêcher. Des petites falaises se dressaient sur la mer, certaines étaient des récifs artificiels, d'autres de simples brise-lames, d'autres encore bordaient certaines stations balnéaires.

Il y avait sûrement d'excellents coins pour pêcher, d'ailleurs le matin, c'était plein de pêcheurs. Je voulais découvrir ce nouvel endroit avec l'œil d'un expert, et j'ai commencé à examiner la zone pour mieux la cerner.

J'ai commencé à observer les opérations, mais avec une grande déception, je n'ai vu personne attraper quoi que ce soit.

J'ai tout de suite compris pourquoi: la mer s'était retirée, les rochers restés à découvert étaient encore humides, et bien sûr, quand la mer recule, elle emporte tout, la nourriture et les poissons.

Ce mouvement de la mer s'appelle la marée basse. La pêche n'est pas conseillée avec ce type de marée, c'est une perte de temps car il ne reste que des petits poissons qui mordent à peine.

Le bon moment pour pêcher est lorsque la marée est haute, vous remarquerez que lentement l'eau recouvrira les rochers laissés à découvert et à cette occasion tous les poissons qui étaient partis reviendront.

Vous devez appâter l'endroit avec des poignées de pain mouillé et émietté à intervalles réguliers pour que les poissons restent là.

Plus le pain s'effiloche et flotte, plus ils resteront dans la zone. Vous verrez beaucoup de mouvement dans l'eau, ce sera une ruée continue de poissons avides.

Vous verrez les plus gros écraser les plus petits. Les mulets seront les premiers à arriver, puis les poutres de mer, les liches amies, etc...

Ce sont les poissons de surface classiques.

Si vous lancez également une pâte compacte de la taille d'un citron, celle-ci tombera rapidement au fond en attirant les daurades, les carrelets, les oblades et tous ces poissons qui vivent au fond de la mer.

Imaginez-vous sur le lieu de pêche. Vous avez compris que c'est le bon moment pour pêcher, la marée est haute, vous avez appâté et le pain commence à faire effet. Il ne vous reste plus qu'à préparer votre canne à pêche.

Vous pouvez pêcher avec une canne fixe ou avec ce que nous appelons une canne "bolognaise".

canna fissa telescopica, tutti i jezzi della canna sono all'interno

Fig. 2

Fig. 2: Tige télescopique fixe, toutes les pièces sont à l'intérieur.

Fig. 3: Canne à pêche avec des anneaux pour la ligne de pêche coulissante et une plaque porte-moulinet également appelée "bolognaise".

Le pêcheur qui commence avec une canne fixe aura toujours une plus grande expérience par rapport à celui qui n'a pas essayé cette technique.

Lorsqu'il ferre un poisson de qualité, ce ne sera que son expérience et sa connaissance de l'utilisation de sa canne qui lui permettront de le ramener à terre. Il est beaucoup plus facile de préparer la ligne avec un plomb plus léger, car, dans ce cas, on pêche plus près du rivage et donc on voit mieux le poisson mordre.

La longueur des cannes fixes varie de 4,50 mètres à 6,50 mètres. Dans certains cas, comme la pêche sur les hautes falaises, les cannes de 7 mètres sont également efficaces.

Mais la canne classique "bolognaise" est également très utile, elle nous donne une sécurité supplémentaire lorsque nous ramenons et grâce à la friction du moulinet nous pouvons utiliser des brins plus fins et bien sûr avoir la possibilité de pêcher plus loin du rivage.

2.
LES FLOTTEURS

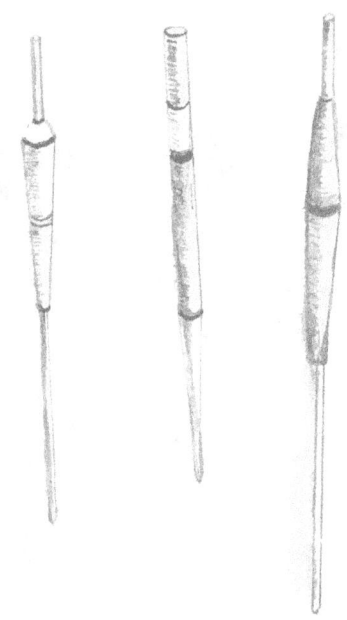

Galleggianti a forma affusolata consigliati per acque calme.

Fig. 4: Flotteurs de forme conique recommandés pour les eaux calmes.

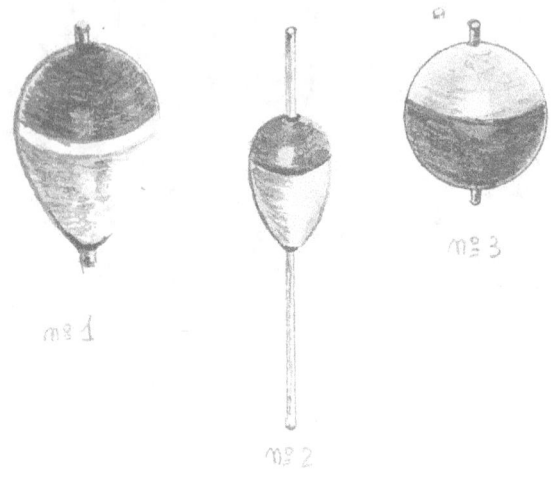

n°1 e n°2 galleggianti a pera per acque semicalme

n°3 modello sferico per acque mosse

n°1 e n°2: Les flotteurs en forme de poire pour les eaux semi-calmes.

n°3: Le modèle de forme ronde pour les eaux agitées.

Comment choisir le bon flotteur? C'est simple. Observez la surface de l'eau, vous verrez si elle est calme, légèrement ondulée ou très agitée. Cela vous aidera à choisir le flotteur.

Voici la règle: plus les eaux sont calmes, plus le flotteur doit être sensible, donc un flotteur avec une forme fine et longue est parfait.

La couleur et la forme ne sont pas importantes. Il existe de nombreux flotteurs sur le marché et ils fonctionnent tous, ce qui est important pour vous, c'est la visibilité.

Le flotteur qui vous convient est celui qui vous montre le mieux les poissons qui mordent.

Lorsque l'eau est calme et que je veux pêcher un peu plus loin, c'est-à-dire plus loin de la rive, j'utilise avec bonheur le flotteur anglais, du 4 + 1 au 6 + 2. Ces chiffres sont inscrits sur le fond du flotteur, +1 ou +2 signifie que l'on peut encore ajouter 1 ou 2 grammes de plomb si on le souhaite.

Cela vous permet d'éloigner le flotteur et d'augmenter également sa sensibilité. Grâce à cela, vous pourrez très bien voir les touches.

Lorsque l'eau devient plus agitée, vous devez utiliser les flotteurs en forme d'œuf ou de boule. Plus leur forme est arrondie, mieux ils flottent.

Vous pouvez choisir ceux qui sont déjà plombés. Ils sont excellents pour la pêche en surface, pour les mulets, les oblades, les bogues etc...

Personnellement, je préfère ceux qui sont déjà équipés de plombs de 2 à 20 grammes. Si les poissons sont proches du récif, je recommande les plombs légers, mais si les poissons sont plus éloignés, les plus lourds.

A ce stade, je pense que vous vous demandez quel fil de nylon utiliser. Cela dépendra du type de poisson que vous voulez attraper. S'il n'y a pas de saupes, vous pouvez pêcher avec un fil de 0,12 ou 0,14.

S'il y a des saupes, il vaut mieux aller jusqu'à 0,20. Je vais vous expliquer tout de suite pourquoi.

Quand j'allais pêcher tôt le matin sur les rochers de Vada, je voyais souvent le flotteur couler, je le remontais et je remarquais que le fil de nylon avait une coupure nette près de l'hameçon.

Je ne comprenais pas pourquoi, au début, je pensais que c'était à cause des poissons bleus, puis j'ai réalisé que c'était à cause des poissons rouges, les plus gros. Les poissons rouges ont des dents pointues et ils peuvent souvent couper des fils plus fins que 0,20.

3. LA BONNE ATTITUDE POUR PÊCHER

Je me souviens avoir ferré une fois un assez gros mulet. Ma canne à pêche était très courbée, à tel point que je réussis à capter l'attention des gens sur la plage. Certains s'étaient approchés de moi pour regarder la scène de près et voir de quel genre de poisson il s'agissait.

Au lieu de nager frénétiquement et avec force, le mulet a commencé à secouer la tête pour essayer de sortir l'hameçon de sa mâchoire. Il tirait fortement sur la canne. Je réussis à l'amener presque jusqu'au rivage. C'était magnifique de voir le reflet argenté sous la surface de l'eau.

Le mulet continuait à secouer la tête et à tirer. C'était une traction constante, jusqu'à ce qu'une impulsion plus forte repousse la canne à pêche, relâchant toute résistance.

Imaginez, il avait réussi à casser le fil de nylon de 0,20. Je ne peux pas décrire la déception de ceux qui me regardaient, et leurs commentaires étaient du genre:

"Ce mulet était magnifique, quel dommage! Tu l'as perdu."

Ils m'ont dévisagé, espérant peut-être voir de la déception sur mon visage, ou peut-être entendre un juron ou une explication quelconque. Ils ont été très surpris quand ils m'ont entendu dire sur un ton calme:

"Je l'aurais remis à l'eau de toute façon, j'ai réussi à le voir, c'était excitant, donc c'est parfait!"

Ils n'avaient pas l'habitude d'entendre un pêcheur parler comme ça. Je remettais toujours à l'eau ce que j'attrapais, et quand les gens me voyaient faire, ils étaient étonnés. En général, les pêcheurs ramènent à la maison les poissons qu'ils pêchent en mer pour les manger. Je venais presque tous les jours et les gens ont commencé à me reconnaître, j'étais celui qui rejetait les poissons à la mer, j'entendais souvent leurs commentaires.

Les mères disaient à leurs enfants:

"Tu as vu ce monsieur, il rejette le poisson à la mer comme ton père le fait dans la rivière".

Ou encore:

"C'est un pêcheur sportif qui pratique la remise à l'eau".

Et d'autres:

"Pourquoi vous les relâchez? Ce n'est pas bon? Pourquoi vous ne me les donnez pas?"

Parfois, j'en distribuais aux personnes reconnaissantes qui me le demandaient, mais à cette question:

"Pourquoi les remettre à l'eau?"

Je répondais:

"Après nous avoir donné tant de plaisir, le moins que l'on puisse faire est de leur rendre leur liberté".

Comme vous l'avez sans doute compris, je ne suis pas un de ces pêcheurs qui emporte une bourriche pour y mettre le poisson. Je n'apporte que le strict minimum d'équipement, ce qui me donne quelques avantages. Quand je n'aime pas l'endroit où je pêche, je peux aller ailleurs en un instant.

J'ai accumulé l'expérience que j'ai aujourd'hui après avoir essayé différentes techniques de pêche en rivière, grâce surtout à la pratique mais aussi aux conseils que j'ai reçus auparavant. Parmi ces différentes techniques, il y en a toutefois une en particulier qui a été très importante pour ma progression, et c'est aussi celle qui m'a fait comprendre le réel intérêt de la pêche: la pêche à la mouche.

Cela m'a fait comprendre que l'important n'est pas le fait d'attraper le poisson, mais la façon dont on procède. Cela m'a appris le respect de la nature, de la rivière et du poisson. La pêche n'est rien d'autre qu'un jeu astucieux entre nous et les poissons, c'est un défi permanent, nous essayons de faire de notre mieux en utilisant nos compétences et nos capacités, tandis que les poissons utilisent leur instinct de survie.

Parfois le poisson gagne, parfois c'est nous qui gagnons, mais nous devons nous rappeler de respecter ce poisson, car c'est grâce à lui que nous vivons parfois des émotions belles et inoubliables. Après nous avoir procuré du plaisir, le rendre à la nature, que ce soit la mer ou la rivière, est un signe de respect pour la nature et pour le poisson lui-même.

4.
LA BONNE TECHNIQUE

Maintenant je vais vous parler de la pêche avec la canne bolognaise. Après avoir lancé la ligne, on la maintient tendue en surveillant le flotteur et on ranène très lentement en arrière. Si vous observez attentivement, vous verrez la boule de pain suivie par le poisson, qui va ensuite l'attaquer.

Souvent, même à plusieurs reprises, on peut attraper un poisson de cette façon. Ce dernier reste sur l'hameçon pendant la très lente remontée. Grâce à cette technique, on peut surtout capturer des liches amies et des oblades.

Je ne laisse jamais plus de 70 centimètres du flotteur à l'hameçon, un maximum de 1 mètre, pas plus.

Quand on pêche en surface, on peut aussi utiliser deux hameçons. Après le flotteur, on doit laisser un bas de ligne libre d'environ 70 cm qu'on attache à un émerillon.

On divise la ligne en 2 parties, une de 30 cm de long et l'autre de 45 cm.

Les deux lignes qui pendent de l'émerillon ne doivent jamais être de la même longueur pour que cela soit efficace.

Ce qui est surprenant, c'est qu'il se peut que vous attrapiez 2 poissons ensemble. Sur ma chaîne YouTube "Lelio" vous pouvez trouver quelques vidéos vous montrant cela.

Voici la technique du lancer:

- Lancer

- Ramener lentement en arrière pour garder la ligne tendue

- Préparez-vous à observer le banc de poissons qui va se précipiter vers l'appât

Au début, le flotteur va bouger légèrement puis couler ou flotter à la surface. C'est le bon moment pour ferrer.

Pour mieux déterminer le bon timing, faites quelques essais de lancement sans essayer d'attraper le poisson.

Regardez simplement le flotteur couler, vous verrez qu'il remontera à la surface et restera immobile car le pain aura déjà été mangé.

Entraînez-vous, cela vous aidera à acquérir le geste idéal.

Quand vous vous sentez à l'aise, remettez le pain sur l'hameçon et soyez prêt à ferrer immédiatement dès que vous voyez le petit mouvement du flotteur. Vous constaterez que tous les poissons ne mordent pas de la même manière.

Par exemple, le mulet vous donnera beaucoup de mal pour deviner l'instant où il va se ruer sur le pain.

Si vous n'avez jamais pêché ce poisson, les premières fois, le flotteur semblera toujours immobile.

Mais si vous commencez à observer plus attentivement, vous constaterez qu'au début de l'attaque, le flotteur émet de petites vibrations et vous remarquerez de petits cercles dans l'eau, qui s'éloignent du flotteur.

Le bon moment pour ferrer est pendant les deux ou trois premiers de ces cercles. Une chose très importante. N'oubliez pas de lancer l'appât au début. C'est la première chose à faire dès que vous arrivez sur le lieu de pêche.

Faites-le à intervalles réguliers en jetant une bonne quantité de pain dans la mer. Les mulets ne tarderont pas à arriver. Mon équipement pour la pêche au mulet est le suivant:

J'utilise presque toujours une canne bolognaise de 4 mètres, qui pour moi est idéale. Le nylon est de 0,20.

Je prends un petit plomb à ailettes pour le flotteur, fixé sous un petit émerillon, puis 2 longues lignes, une de 30 centimètres de long et l'autre de 45 centimètres.

Cette fois, on prend du pain sec. L'intérieur mou des baguettes ou le pain blanc tranché convient parfaitement.

On enfonce deux fois l'hameçon dans le pain et on le presse en partie sur la palette, pour éviter de le perdre pendant la mise à l'eau.

On maintient le fil légèrement tendu et on surveille le moment où les poissons vont vouloir mordre. Vous verrez les mulets près du flotteur se disputer l'appât. Tout autour des petits morceaux de pain, ils feront un léger clapotis qui vous indiquera que c'est le bon moment pour ferrer

Les mulets sont tellement avides de pain que leur action ne durera que quelques secondes. Pour ces poissons, il est toujours préférable de ferrer à l'avance.

Ils dévorent tout ce qui se trouve sur les hameçons sans même avoir le temps de voir le flotteur bouger.

C'est un type de pêche que vous devez pratiquer visuellement et vous devez calculer soigneusement le bon moment pour ferrer

Si le vent se lève ou si la mer commence à être agitée, il est conseillé de s'arrêter en raison du manque de visibilité du flotteur.

5. QUEL TYPE DE PAIN EST RECOMMANDÉ POUR LA PÊCHE?

Si nous utilisons du pain frais, c'est-à-dire fraîchement cuit, alors presque tous les types de pain conviennent, bien que les petits pains à l'huile d'olive ou les baguettes classiques soient préférables. Pour préparer l'appât, il suffit d'ouvrir le pain, d'en retirer une petite partie avec les doigts, en faisant attention à ne pas l'écraser, puis d'y insérer l'hameçon en essayant de bien le cacher. On appuie ensuite le tout avec les doigts sur la palette, pour qu'il ne tombe pas pendant le lancement.

Pain français

Le pain le plus utilisé pour la pêche sportive est celui que vous pouvez acheter dans les magasins de chasse et de pêche, il est sous forme de tresse et est vendu dans un paquet de papier sulfurisé. Il est très simple à préparer. Il suffit de le faire tremper pendant quelques minutes, puis de le mettre dans un chiffon en coton pour l'essorer et ensuite le presser avec les mains.

Si vous le souhaitez, de temps en temps, vous pouvez retirer de petites bandes et les fixer sur l'hameçon à une extrémité, puis les enrouler deux fois tout autour et enfin les repositionner en laissant l'extrémité opposée libre.

Pain de mie blanc

Le pain de mie blanc est mon préféré, car c'est un type de pain qui absorbe immédiatement l'eau, il suffit de le tremper rapidement, puis de le presser correctement avec les mains et ensuite de le placer sur un tissu en coton, ce tissu a une double fonction, il va enlever l'humidité restante et il empêchera le soleil de le sécher. Placer le pain en forme de petite poire sur l'hameçon.

Pâte à pain

La pâte à pain classique à faire soi-même est bonne.

Elle est très simple à préparer, on met quelques morceaux de pain ou de petits pains dans un récipient avec de l'eau. Quand ils sont imbibés, on les retire du récipient et on les presse avec les mains en enlevant le plus d'eau possible.

Ensuite, on prend un chiffon en coton (j'utilise un vieux torchon de cuisine) et et on y met le pain. Il faut l'écraser à la main, puis on ajoute de la farine blanche, jusqu'à obtenir une pâte molle qui ne colle pas aux mains.

Pour la rendre plus compacte, on peut également ajouter de la chapelure. On travaille la pâte en la pétrissant continuellement avec les mains, comme lorsqu'on prépare une pâte à pizza, sauf qu'elle doit être plus souple. Elle doit être très moelleuse. Le secret de la pâte est sa douceur, plus elle est molle, plus le poisson mordra.

Évidemment, on peut fixer le pain soit sur l'hameçon, soit sur la petite ancre. Certaines personnes ajoutent également des arômes au mélange, comme du fromage râpé ou de la pâte d'anchois ou d'autres arômes forts. Je pense que le pain suffit, une fois dans l'eau, il dégage une odeur très parfumée et attrayante.

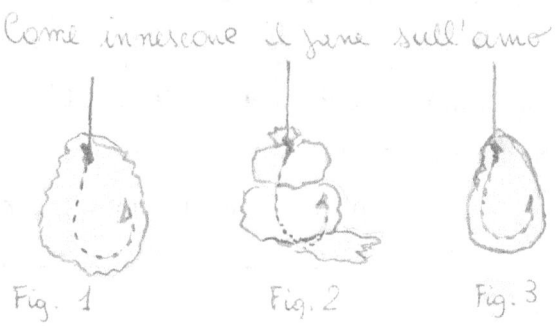

Come innescare il pane sull'amo

Fig. 1   Fig. 2   Fig. 3

Fig 1 = Fiocco di mollica di pane
Si infila l'amo dentro la mollica, nascondendolo bene. Si pressa con le punte delle dita sulla paletta

Fig 2 = Fiocco di pane francese
Va bagnato prima dell'uso e stuzzicarlo bene. Si stacca un filaccione, e si penetra con l'amo da una estremità, poi lo si gira 2 volte intorno all'amo, poi si penetra ancora una volta. Deve svolazzare con l'estremità opposta.

Fig 3 = Il pastone o pastella
Si mette a bagno il pane, lo stuzziamo bene, possiamo aggiungere pane grattato, per dargli la giusta consistenza. Prendere una quantità sufficiente da coprire l'amo, modellarla a forma di una piccola pera. Possiamo pescare sia con l'amo o ancorina

Pic 1 = La mie de pain

Insérez l'hameçon dans la mie, en veillant à bien le cacher. Pressez-le correctement avec vos doigts

Pic 2 = Pâte à pain française

Faire tremper et rincer correctement avant utilisation. Prendre une bande et la placer sur l'hameçon à une extrémité, l'enrouler deux fois autour, l'accrocher à nouveau et laisser l'extrémité opposée libre.

Pic 3 = Pâte à pain maison

Tremper le pain, essorer, il est possible d'ajouter de la mie de pain pour lui donner la bonne consistance. Prendre un morceau suffisant pour cacher l'hameçon, le mouler en forme de petite poire. Pêcher soit avec l'hameçon, soit avec la petite ancre.

6.
ÉVITONS LES ÉQUIPEMENTS INUTILES

Dans ce chapitre, je voudrais vous transmettre un message spécifique. Essayez de ne pas commettre l'erreur de vous encombrer d'un équipement inutile.

Quand j'étais petit, je n'avais qu'une canne à pêche, elle était plus adaptée à la rivière qu'à la mer. J'avais très peu d'hameçons et mes quelques flotteurs n'étaient pas appropriés pour la mer.

J'ai toujours pêché avec ce petit matériel, mais en faisant d'une nécessité une vertu, je me suis forgé une excellente connaissance de ma canne. J'ai tellement pratiqué qu'elle et moi ne faisions plus qu'un. J'ai acquis ce sixième sens qui m'a permis de compenser toutes les lacunes de mon équipement.

Plus tard, cependant, lorsque je suis entré dans un magasin de chasse et de pêche, j'ai été fasciné par tous les types de cannes disponibles. Elles étaient si belles! Neuves, de tailles et de couleurs différentes. J'ai regardé tous ces flotteurs qui avaient des formes et des coloris si attrayants, ils semblaient n'attendre que moi.

J'ai entendu une petite voix venant des flotteurs, et chacun d'entre eux semblait me dire:

"Achète-moi! Achète-moi!"

J'ai pensé:

"Si seulement j'avais ces cannes à pêche, si seulement j'avais ces flotteurs, qui sait combien de poissons j'attraperais".

Et donc, à chaque visite dans un magasin spécialisé, j'achetais toujours quelque chose, même si cela n'était guère utile pour mon type de pêche. Je ne pouvais pas résister.

Par conséquent, je me suis retrouvé avec tellement d'équipement qu'aujourd'hui encore, je n'ai pas tout utilisé. Oscar Wilde avait l'habitude de dire: "Je peux résister à tout, sauf aux tentations!"

Je ne suis certainement pas meilleur qu'Oscar Wilde et donc...

7. CHOSES IMPORTANTES À SAVOIR

Marées

Un conseil fondamental. Avant d'aller pêcher, il est conseillé d'observer la mer la veille. Il faut vérifier l'heure à laquelle la marée descend, c'est la marée basse. Il est déconseillé de pêcher à ce moment-là.

Pendant cette période, les poissons seront éloignés du rivage, car le courant aura entraîné avec lui tout ce dont ils se nourrissent.

Observez plutôt le moment où la marée remonte, c'est-à-dire lorsque vous voyez les rochers à nouveau recouverts par l'eau. C'est le bon moment pour pêcher. Ce mouvement s'appelle la marée haute.

L'environnement de la pêche: récifs naturels et artificiels

Tous les récifs naturels et artificiels que nous trouvons en mer sont excellents pour la pêche.

Cela fourmille de petites grottes, de ravins (ce sont des criques servant de refuges) où les poissons errent continuellement à la recherche de nourriture. Si vous regardez de près, la végétation y est abondante et plus il y a d'algues sur les rochers sous l'eau, plus c'est intéressant. Vous verrez également des patelles, des oursins, des crabes, ce sont des indices qui indiquent que l'endroit est parfait.

Vous devez toujours pêcher là où l'eau est la plus profonde près des rochers. N'oubliez jamais que la première chose à faire lorsque vous arrivez dans un endroit est de lancer l'amorce dans le rayon d'action de votre canne à pêche. Mais ne le faites pas seulement au début, continuez à intervalles réguliers pendant toute la durée de votre session de pêche.

Dans ce scénario, vous pêcherez des daurades, des brèmes, qui sont les poissons classiques des eaux profondes, mais aussi les poissons qui vivent dans les eaux moyennement profondes ou même ceux de surface comme les mulets, les bogues, les oblades et les palomines.

Fig. 1: Les récifs naturels et artificiels sont des paradis pour les pêcheurs.

Fig. 2: Côte rocheuse dégradée avec des rochers émergeant de sous l'eau Un endroit idéal pour les daurades et les oblades.

Fig. 3: Fond récifal avec prairies sous-marines, excellent pour les daurades et les mulets.

Fig. 4: Un fond marin varié, propice à tous les types de poissons.

L'environnement de la pêche: les embouchures des rivières

Les embouchures des rivières, ainsi que les canaux qui se jettent dans la mer, constituent l'un des meilleurs endroits pour la pêche. Les fonds des rivières sont presque toujours sablonneux, de profondeur moyenne mais suffisamment peuplés par différentes espèces de poissons.

On y trouve de nombreux mulets différents, qui remontent les rivières sur plusieurs kilomètres, étant donné leur capacité d'adaptation aux eaux douces. Au début de la zone de déversement, vous trouverez également des liches amies qui errent constamment à la recherche de nourriture.

On pêche toujours dans le point le plus profond et là où le courant est le plus calme, cela permettra d'avoir un rythme plus lent, pour pouvoir observer le flotteur correctement. L'appât pourra de toucher le fond. Il sera chassé et attaqué par les poissons présents dans la zone à ce moment-là.

8. TAILLES MINIMALES DES POISSONS

Afin d'éviter d'éventuelles amendes de la part des autorités, il est préférable de connaître les mesures minimales des différentes espèces de poissons. La taille est calculée de la bouche à la partie extrême de la nageoire caudale fermée. Vous trouverez ci-dessous les tailles minimales des poissons en Italie.

NOM COMMUN	NOM SCIENTIFIQUE	TAILLES MIN.
Anchois	Engraulis encrasicolus	9 cm.
Orphie	Belone belone	25 cm.
Anguille	Anguilla anguilla	28 cm.
Bogue	Boops boops	7 cm.
Mulet Cabot	Mugil cephalus	20 cm.
Corb Commun	Sciaena umbra	20 cm.
Denti	Dentex dentex	30 cm.
Congre	Conger conger	50 cm.
Liche Amie	Lichia amia	60 cm.
Palomine	Trachinotus Ovatus	7 cm.
Spet	Sphyraena sphyraena	30 cm.

Marbré	Lithognathus mormyrus	15 cm.
Murène	Muraena helena	60 cm.
Oblade	Oblada melanura	7 cm.
Ombrine	Umbrina cirrosa	25 cm.
Daurade Royale	Sparus aurata	20 cm.
Saupe	Sarpa salpa	07 cm.
Sar à Tête Noire	Diplodus vulgaris	18 cm.
Sar à Museau Pointu	Diplodus puntazzo	18 cm.
Sar Commun	Diplodus sargus	23 cm.
Maquereau	Scomber scombrus	18 cm.
Sparaillon	Diplodus anularis	12 cm.
Bar	Dicentrarchus labrax	25 cm.
Chinchard	Trachurus trachurus	12 cm.
Dorade Grise	Spondyliosoma cantharus	7 cm.
Labre Vert	Labrus viridis	7 cm.

9. LES PRINCIPALES ESPÈCES QUI MORDRONT AU PAIN

Le Bogue

La bogue appartient à la famille des sparidés. Son corps est effilé, sa bouche est plutôt petite, mais elle possède des dents très pointues qui peuvent souvent couper un fil de nylon très fin.

BOGA
(Boops boops)

Son corps reflète des couleurs allant du jaune au vert clair. Il ne devient pas très grand et atteint rarement 30 cm. Les flancs et le ventre du poisson sont argentés.

Ce poisson a de très grands yeux. La traduction du nom scientifique "Boops boops" est "l'œil du bœuf".

La meilleure saison pour pêcher ce type de poisson est l'été, mais l'automne est également propice, et presque toutes les heures de la journée conviennent. Vous pouvez le trouver près des récifs naturels et artificiels, dans des territoires mixtes, où il y a du sable, des rochers et les herbes marines des lits océaniques de posidonies. C'est un poisson très facile à attraper. Lorsqu'il se trouve près des rochers, il est préférable d'utiliser une canne à pêche fixe, plus facile à manier. Les bogues se déplacent en bancs et vous pouvez en pêcher beaucoup en peu de temps. Bien sûr, plus la canne à pêche est courte et légère, moins votre bras sera fatigué.

Je recommande un fil de nylon 0,18, un très petit flotteur en forme de boule et de nouer un hameçon de taille 18 avec une longue tige et une minuscule boule de pain en forme de poire, à un mètre du flotteur. Les plombs doivent être groupés à environ 10 ou 15 centimètres de l'hameçon. Un plomb fendu sera suffisant. N'oubliez jamais d'amorcer abondamment de pain avant et pendant la pêche.

Le Mulet Cabot

Son nom latin est Mugil Cephalus, il est également appelé mulet à grosse tête et appartient au groupe des poissons allongés. C'est un poisson très élégant, son corps est long, robuste et fort et s'aplatit vers la queue.

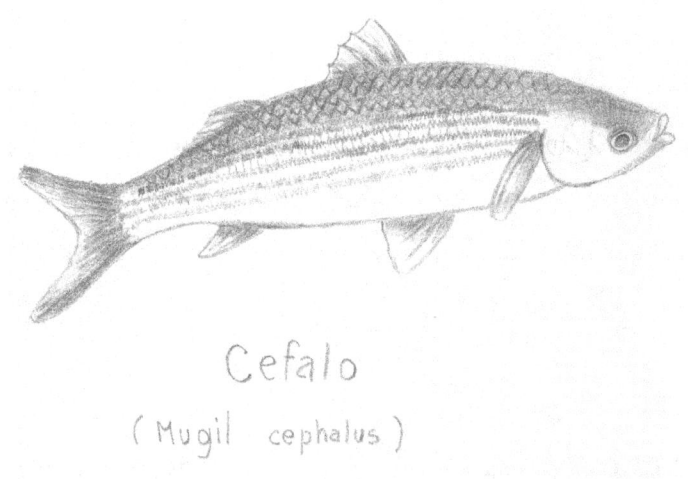

Cefalo
(Mugil cephalus)

Sa couleur générale est argentée, plus foncée sur le dos et plus claire sur les côtés et le ventre. Ce poisson est un nageur infatigable, sa résistance, une fois accroché, est impressionnante.

Il peut être pêché toute l'année même si les meilleures saisons pour lui sont le printemps, l'été et l'automne. Toute heure de la journée est favorable.

On le trouve aussi bien en eau salée qu'en eau douce, dans les ports, près des falaises, artificielles ou naturelles, mais aussi à la sortie des rivières, dans lesquelles il entre et nage sur plusieurs kilomètres.

Ces poissons se déplacent en bancs, on les trouve souvent près des décharges de déchets organiques, et c'est pourquoi leur chair a parfois un goût désagréable. Vous pouvez les prendre avec la canne fixe ou la bolognaise.

Prendre des mulets avec une canne à pêche fixe

L'idéal est d'utiliser une canne à pêche fixe, éventuellement en carbone, avec un point d'action de 5 à 6,50 mètres.

Je suggère un fil de nylon de 0,16, 40 centimètres plus court que la canne à pêche. Le flotteur doit avoir une forme très effilée et doit peser de 0,5 à 1,5 grammes maximum. A l'extrémité, on fixe un émerillon et on ajoute deux autres fils de nylon de 0,12. L'un doit mesurer 30 centimètres et l'autre 60 centimètres.

La taille des hameçons à tige longue et fine varie de 16 à 10. Il est préférable de regrouper le poids sur le dessus de l'émerillon avec des boulettes de plomb 0,12 fendues.

Il est préférable de prendre du pain français comme appât, trempé et très bien pressé., Il faut en déchirer un morceau, puis le faire pénétrer dans l'hameçon à une extrémité, l'enrouler deux fois autour, le faire rentrer à nouveau dans l'hameçon et laisser pendre l'autre extrémité.

Avant de commencer à pêcher, on amorce avec des boules de pain de la taille d'une orange, préalablement trempées et bien pressées.

On fait cela même en pêchant à intervalles réguliers et on continue à jeter des poignées de pain dans l'eau.

Il faut toujours prendre avec soi un petit seau pour préparer l'appât, et bien sûr, beaucoup de pain. Et l'on n'oublie pas de ferrer immédiatement avec détermination dès que l'on voit la tige du flotteur couler.

La touche des mulets ne dure que quelques secondes, il est donc préférable de l'anticiper plutôt que d'être en retard.

Si le banc de mulets est en surface, il faut alors pêcher en eaux peu profondes, pas plus d'un mètre. Dans le cas contraire, il faut évaluer la profondeur avec une sonde et maintenir l'appât à environ 10 cm du fond.

Mulets à la canne bolognaise

Lorsque les mulets sont loin du rivage, il est préférable de prendre la canne bolognaise.

Si l'on pêche depuis des falaises basses, une canne de 4 mètres suffira. Par contre, à partir de falaises élevées, on devra peut-être utiliser une canne de 7 mètres.

Lorsque l'eau est calme et qu'il n'y a pas de vent, j'utilise le flotteur anglais 4 + 1 avec un bout libre d'environ 70 cm, une petite ancre de taille 14 et des tranches de pain de mie blanc préalablement trempées et correctement pressées avec un chiffon en coton.

Dans ce cas, on prend le petit crochet de l'ancre, car comme on lance plus loin, on risque de perdre l'appât. En revanche, avec cette méthode, le pain est bien tenu et on lance la ligne avec plus de sécurité.

Après avoir lancé, on ne garde pas l'appât immobile, mais on le ramène très lentement, en maintenant la ligne de pêche tendue. Le flotteur et la boule de pain seront presque à flot. Lorsque l'on voit le banc s'arrêter, cela veut dire que les mulets sont prêts à mordre avec avidité, coulant le flotteur ou le déplaçant sur le côté. Il ne faut surtout pas oublier de ferrer immédiatement avec détermination.

Lorsque l'eau commence à bouger, il est préférable d'utiliser le flotteur classique en forme d'œuf avec un plomb de 2 à 6 grammes.

Si la mer est légèrement agitée, il vaut mieux prendre un flotteur plus court, 30 cm suffiront, avec une petite ancre, du pain blanc trempé et façonné en une petite boule en forme de poire.

Après avoir lancé, on ramène très lentement, cette fois encore. Lorsque l'on voit les mulets arriver, on stoppe et on attend.

Les éclaboussures ou de l'eau qui bouge autour du flotteur, cela signifie qu'ils mangent avidement l'appât. Il faut donc ferrer immédiatement, sinon le pain sera terminé en un instant.

Le mulet ne restera pas toujours accroché, cela fait partie du jeu. Il faut se rappeler que les mulets avalent très rarement l'appât, ils le sucent avec leurs lèvres, parfois se glissent dessus pour l'écailler et ensuite le sucer. C'est pourquoi ces poissons coulent rarement le flotteur, c'est à nous d'apprendre à choisir le bon moment pour les ferrer.

Mulet

L'Oblade

Son nom latin est Oblada Melanura et il appartient à l'ordre des poissons allongés. Son corps est ovale, il est aplati sur les côtés et il est de couleur argentée. À l'extrémité, près de la queue, il présente une marque sombre qui, associée à ses grands yeux, lui a valu le nom d'"occhiata" en italien, qui signifie "regard".

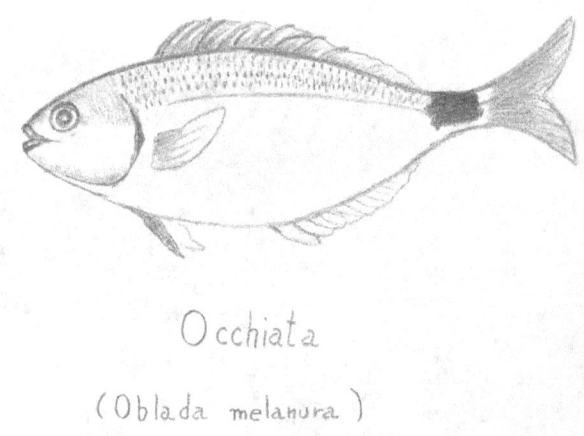

Occhiata

(Oblada melanura)

Au printemps, les oblades s'approchent du rivage en bancs. Elles aiment les côtes rocheuses à la fois profondes et peu profondes.

Elles préfèrent également les fonds marins rocheux, avec des algues mélangées à du sable. Elles ne deviennent pas très grosses et peuvent atteindre 30 centimètres au maximum.

Les conditions idéales de pêche sont lorsque la mer est agitée, lorsque les vagues frappent les rochers et provoquent des rouleaux (vagues de surf). L'idéal est de prendre une canne à pêche fixe et rigide, suffisamment longue pour passer le ressac. Il est préférable d'utiliser la ligne sans le flotteur, avec un petit crochet d'ancre de taille 16 ou 14 avec du pain.

On lance la ligne au-delà du ressac en laissant l'appât couler naturellement. On laisse pendre pendant qu'on le déplace très lentement d'un côté à l'autre jusqu'à ce que l'on trouve le poisson. Les oblades mordent immédiatement, mais il faut être rapide dans la manœuvre, car leur capture peut effrayer le reste des poissons qui vont s'enfuir. Bien sûr, le bas de ligne doit être assez fort, un 0,18 ou un 0,20 est parfait. La pêche avec la canne bolognaise est également possible avec un moulinet chargé d'un grammage à 0,18. Pour le flotteur, nous utiliserons le classique en forme d'œuf ou de boule si l'eau est très agitée. Le poids doit être de 3 à 8 grammes. Pour le bas de ligne, je recommande d'utiliser environ 1 mètre de carbone fluoré 0,16 avec un hameçon de taille 14 sur lequel on va placer le pain.

La meilleure période pour la pêche est l'automne, mais on peut faire de bonnes prises même au printemps et en été.

Oblade

Saupe

Les Saupes (Sarpa salpa ou Boops salpa) appartiennent à la famille des sparidés. C'est un poisson très combatif et amusant.

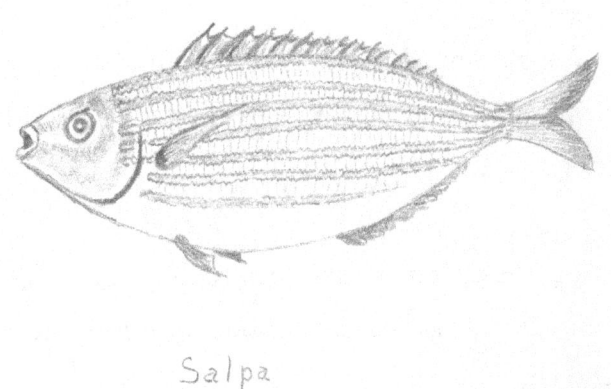

Salpa
(Boops salpa)

On le trouve très couramment en Méditerranée, près des étendues rocheuses, des récifs bas et des fonds marins mixtes, tant qu'il y a des algues, sa nourriture préférée.

Quand on observe calmement les falaises, celles avec des touffes d'algues vertes qui bougent avec le courant, on peut être persuadé que les saupes seront là.

Pour les pêcher dans les règles de l'art, il faudra des cannes puissantes, fixes ou bolognaises.

Les saupes ont des dents très pointues, je vous conseille donc de ne jamais utiliser un bas de ligne inférieur à 0,20.

Comme nous pêchons près des rochers, je préfère un flotteur de 1 gramme et un bout libre d'environ 120 ou 150 cm.

L'hameçon doit être à longue tige et d'une bonne taille, de 14 à 8.

Comme appât, du pain classique est parfait ou du pain blanc en tranches trempé, bien pressé, et en quantité suffisante.

La capture des saupes est assez difficile, il faut les garder aussi loin que possible des rochers, car elles peuvent se glisser dans des fissures ou tout autre obstacle, et la ligne, en frottant dessus, peut se casser.

Elles sont très intéressantes, elles tireront très loin et n'abandonneront pas très facilement. Une fois qu'elles sont fatiguées, je recommande d'utiliser l'épuisette.

Si l'on décide de cuisiner ce poisson, il est nécessaire les vider et de les rincer plusieurs fois dans la mer avant de le ramener à la maison.

Les saupes se nourrissent principalement d'algues marines. Pour éviter que celles-ci ne fermentent, ce qui donnerait à la viande un goût fort et désagréable, il est préférable de prendre cette précaution.

La Palomine

La Palomine (Trachinotus Ovatus ou Trachinotus Glaucus) fait partie de la famille des Carangidae. Elle est de forme ovale, comprimée sur les côtés, avec une petite bouche et des yeux plutôt grands par rapport à son corps.

Leccia stella
(Trachinotus glaucus)

Les nageoires anales et la première dorsale sont disposées de manière symétrique et opposée l'une à l'autre.

Sa queue est étroite et longue et a la forme d'un "V". Son corps est d'un blanc très nacré, il a des taches plus foncées sur les côtés tandis que les extrémités des nageoires sont noires.

Elle atteint à peine 50 cm de long et peut peser jusqu'à 2 kg. On la trouve dans toute la mer Méditerranée et dans l'océan Atlantique oriental.

Elle est très commune près des côtes et aussi à la sortie des rivières. Elle s'approche de nos côtes pendant les mois de juin, juillet, août et septembre.

Un appât auquel elle ne peut résister est le pain blanc tranché, juste mouillé (pas trempé) et immédiatement essoré avec un chiffon.

Une fois dans l'eau, il laisse une odeur qui est irrésistible, et le poisson l'attaque violemment.

Je conseille d'utiliser la canne bolognaise, avec un flotteur lesté, en forme de boule ou d'œuf Classique.

Le poids du flotteur dépendra du poisson: s'il est proche 3 grammes suffiront, s'il est plus éloigné, 6 ou 8 grammes.

Si l'on pêche près du rivage, un fil d'environ 1mètre suffit. On place un émerillon à son extrémité, sur lequel on attache 2 bas de lignes libres, un de 30cm et l'autre de 45 cm avec des hameçons allant de la taille 14 à 10. Sur chacun d'entre eux, on fixe une boule de pain en forme de poire.

La morsure d'une palomine est très franche, il n'est pas rare, vu que l'on pêche avec deux hameçons, d'en attraper deux ensemble.

Comme mentionné précédemment, sur ma chaîne You Tube, on pourra trouver quelques vidéos montrant cela.

Si le banc de palomines est plus éloigné, on doit augmenter le poids du flotteur, diminuer le fil, qui doit être d'environ 70 cm, avec cette fois une petite ancre de taille 12 ou 14 à l'extrémité.

Évidemment, on place toujours du pain dessus, mais, avec une portion plus abondante.

Pour un lancer plus long, le petit plomb est idéal car il retient mieux le pain et on évitera de le perdre.

Lorsque l'on pêche loin de la rive afin d'amorcer, on amorce trois ou quatre fois librement, de cette façon le pain restera au même endroit et attirera les poissons.

Ensuite, après la mise à l'eau, on ramène très lentement. Dès que l'on voit le banc de poissons arriver, on arrête et on se prépare. Quand le flotteur commence à bouger très rapidement, on ferre immédiatement!

La palomine est un bon combattant, et le ramener à terre est très captivant. Sa viande est bien appréciée en cuisine.

Le Sar

Son nom latin est Diplodus Sargus, il fait partie de l'ordre des poissons de forme allongée et appartient à la famille des sparidés. Son corps a une forme ovale elliptique, et est comprimé latéralement.

SARAGO

Il a une bouche proéminente, de grands yeux, et est argenté et blanc sur le ventre.

On le trouve dans toute la Méditerranée, dans la mer Tyrrhénienne et dans toutes les zones qui ont des fonds marins mixtes, pleins de mollusques.

Il fréquente les rivages rocheux, l'intérieur des ports, les récifs naturels et artificiels, et ces zones sous-marines où se développent les micro-organismes qui donnent vie à toutes les petites algues et touffes d'herbes.

Il existe différents types de sars : le sar commun, le marbré, le sar blanc et le sar à tête noire. Lorsque la mer commence à s'agiter, c'est le meilleur moment pour le pêcher.

Une canne bolognaise de 6 à 8 mètres est idéale, combinée à un moulinet 2500 avec un bon 0,18.

Je recommande un flotteur de forme ronde, ajusté de façon à ce que l'appât flotte à environ 20 cm du fond et l'utilisation d'une petite ancre de taille 12, car elle tient mieux le pain.

Je préfère le pain blanc en tranches car il est facile à préparer. Lorsque les sars verront le bon appât, ils l'attaqueront de manière violente et décisive, nous montrant des touches spectaculaires.

La défense est très puissante, il faudra le ramener de manière décisive, car si le poisson réussit à entrer dans une petite cachette, on peut lui dire adieu immédiatement.

Sar

Autres poissons occasionnellement pêchés au pain

Ceux que je viens d'énumérer sont les poissons classiques que l'on peut attraper au pain, mais il y en a beaucoup d'autres en pêchant avec cette technique.

Par exemple, les daurades. Si elles sont pêchées sur le rivage, elles ne sont pas très grosses, ce sont les classiques "petites poutres de mer", et on peut les prendre au pain.

Parfois, le soir, lorsque le soleil se couche, il m'est arrivé d'attraper quelques sébastes. Il faut faire très attention car leurs morsures sont très douloureuses, je le sais par expérience.

Même les peignes peints aiment le pain, et dès qu'ils sont accrochés à l'hameçon, ils se débattent avec force. Cependant, après quelques instants, ils se relèvent très facilement.

Il faut savoir que lorsque la mer est calme, on peut

voir arrive des bancs d'éperlans et de sardines. En utilisant une canne fixe de 4,5 mètre et une ligne légère, c'est-à-dire un fil de nylon de 0,10 et un hameçon de taille 18, on éprouvera beaucoup de plaisir à ramener une belle bourriche à la maison.

Pour ceux qui aiment la friture, c'est le type de poisson idéal. Et l'on n'oublie pas, bien sûr, d'amorcer souvent.

Même le labre orné peut être attrapé avec du pain. Ceux que je viens d'énumérer sont les poissons classiques que l'on peut attraper au pain, mais il y en a beaucoup d'autres en pêchant avec cette technique.

Par exemple, les daurades. Si elles sont pêchées sur le rivage, elles ne sont pas très grosses, ce sont les classiques "petites poutres de mer", et on peut les prendre au pain.

Parfois, le soir, lorsque le soleil se couche, il m'est arrivé d'attraper quelques sébastes.

Il faut faire très attention car leurs morsures sont très douloureuses, je le sais par expérience.

Même les peignes peints aiment le pain, et dès qu'ils sont accrochés à l'hameçon, ils se débattent avec force. Cependant, après quelques instants, ils se relèvent très facilement.

Il faut savoir que lorsque la mer est calme, on peut voir arrive des bancs d'éperlans et de sardines.

En utilisant une canne fixe de 4.5 mètre et une ligne légère, c'est-à-dire un fil de nylon de 0,10 et un hameçon de taille 18, on éprouvera beaucoup de plaisir à ramener une belle bourriche à la maison.

Pour ceux qui aiment la friture, c'est le type de poisson idéal. Et l'on n'oublie pas, bien sûr, d'amorcer souvent.

Même le girelle turque peut être attrapé avec du pain.

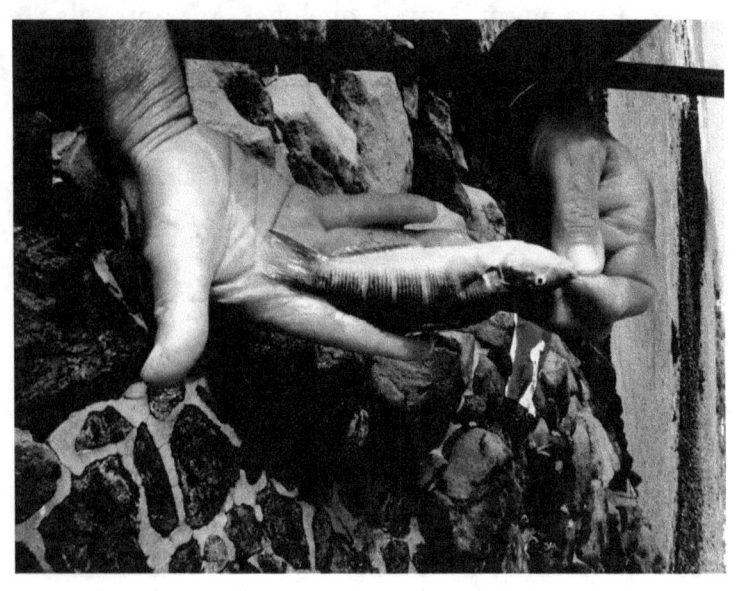

Girelle Turque (Thalassoma pavo)

Voyez combien de poissons différents vous pouvez attraper au pain? Cet appât n'est-il pas fantastique? Il est très facile à préparer, il est propre, on l'a toujours sous la main, nul besoin d'aller au magasin de chasse et de pêche pour acheter des vers de toutes sortes ou tout autre appât vivant.

Par conséquent, on n'a pas à se soucier de conserver les appâts dans le réfrigérateur pour qu'ils durent, ou au frais dans le garage.

Savez-vous combien de personnes ont laissé un sac d'asticots dans le garage, qui a réussi à s'échapper et à se retrouver partout?

Au bout d'un moment, on obtient beaucoup de mouches! Il y a des gens qui ont ouvert leur garage pour trouver des centaines d'insectes s'en échapper. Dans ces moments-là, il vaut mieux que l'épouse n'entre pas dans le garage, sinon...

Blague à part, cela peut aussi arriver, mais ce problème n'existe pas avec le pain!

Conclusion

Enfin, j'ai laissé la chose la plus importante pour la fin, celle qui fait vraiment la différence. Je veux que vous fassiez attention à ceci. Vous êtes-vous déjà demandé pourquoi les poissons attaquent les appâts artificiels dans la pêche au lancer?

Aussi semblable qu'il puisse paraître, un appât artificiel est toujours un corps inanimé, qu'il soit en métal ou en silicone, il ne sera jamais comestible. S'il restait immobile sur le fond, il ne susciterait que de la curiosité.

C'est le mouvement qui donne vie à un corps inanimé, c'est le mouvement qui déclenche l'attaque chez le poisson.

Nous ne savons pas si c'est à cause de la faim, de la curiosité ou de la défense territoriale, mais c'est ce qui se passe.

Sachez qu'avec le pain, on a deux fois plus de chances d'attraper un poisson. Nous savons tous que les poissons mordent le pain même lorsqu'il reste immobile, mais avez-vous déjà essayé de le faire bouger?

Cela pourra vous surprendre, essayez ma technique. Après avoir lancé la ligne, on-la fermement, on ramène très lentement en alternant de courtes pauses avec une lente remontée. On n'arrête que lorsque l'on voit le poisson arriver et on attend qu'il morde. Si ce n'est pas le cas, on recommence l'opération.

On imagine que la bouchée de pain est une petite seiche qui nage lentement. La couleur blanche et le mouvement attiseront la curiosité des poisons.

Il faut se rappeler qu'une chose en mouvement est plus visible que celle qui reste immobile.

Cette simple logique m'a toujours permis d'attraper beaucoup de poissons, Il faudra s'entraîner encore et encore pour obtenir les mêmes résultats que moi. Ceci étant dit, je peux maintenant vous quitter en vous souhaitant la meilleure des chances.

LELIO ZELONI

LA PÊCHE SIMPLE AU PAIN

Le Secret? L'Expérience!

YouTube: Lelio Pesca
Facebook: Lelio Pesca
Instagram: Lelio Pesca

leliopesca.com

www.ingramcontent.com/pod-product-compliance
Lightning Source LLC
Chambersburg PA
CBHW072204100526
44589CB00015B/2364